1 ながい ものを みつけよう ①

どうぶつの ながい ところに いろを ぬりましょう。

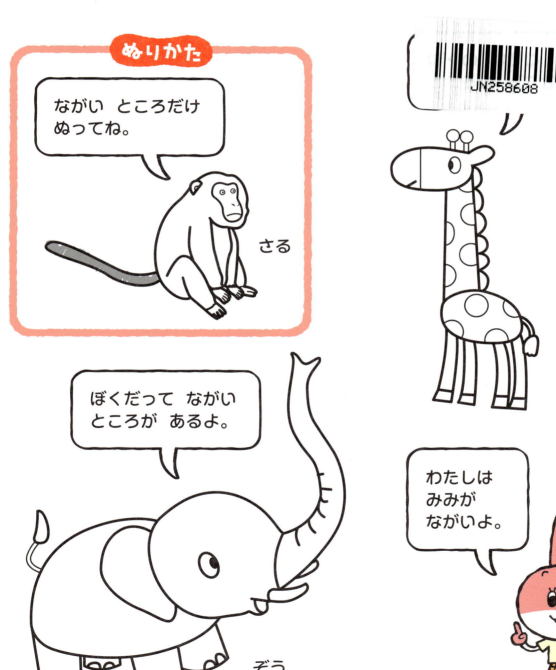

ぬりかた
「ながい ところだけ ぬってね。」 さる

「ぼくだって ながい ところが あるよ。」 ぞう

きりん

「わたしは みみが ながいよ。」

長さ

2 ながい ものを みつけよう ②

いちばん ながい ものを ◯で かこみましょう。

3 ながさを くらべるには？ ①

シールを つかおう！

長さを直接比べるときには、比べるものの端をそろえることに気づきます。

ながさを くらべるには どうしたら よいかな。
つぎの おはなしを よんで、シールを
はりましょう。

4 ながさを くらべよう ①

比べるものの端をそろえているかどうかを確かめます。

ながさを ただしく くらべて いるのは どちらかな。
☐ に ○を つけましょう。

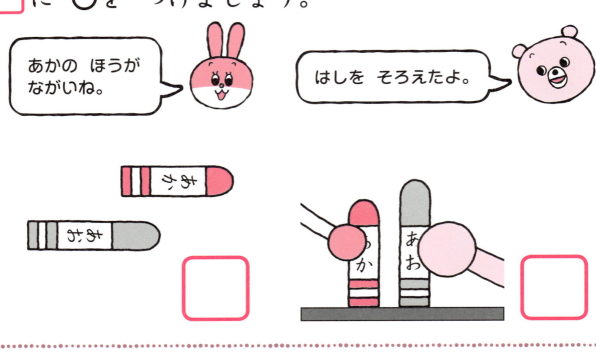

5 ながさを くらべよう ②

端をそろえる，曲がったものはまっすぐ伸ばす，の２点に注意します。

ながさを ただしく くらべて いるのは どれかな。
□に ○を つけましょう。

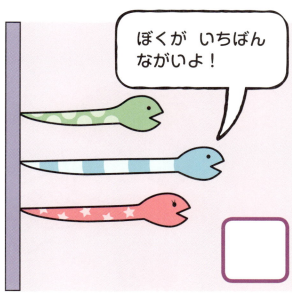

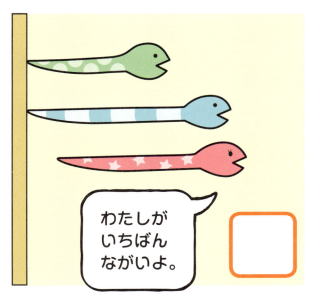

6 あなたの クレヨンで しらべよう

クレヨンや色鉛筆の中から，長いものや短いものを選びます。

あなたが つかって いる クレヨンの なかで，いちばん みじかい いろ，いちばん ながい いろは なにいろかな。しらべて，○に いろを ぬりましょう。

いちばん みじかい いろ　　いちばん ながい いろ

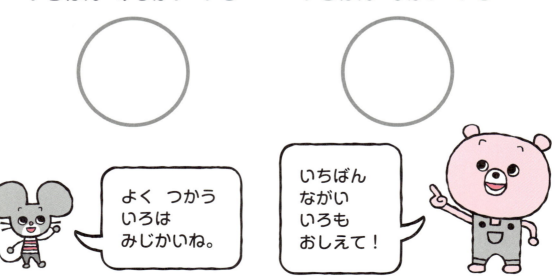

6

7 かみひこうきを とばそう

紙飛行機の飛んだ長さを比べて,表にまとめます。

おうちの ひとや ともだちと, かみひこうきを とばして, とんだ ながさを くらべて みましょう。

かみひこうきの つくりかたは うらを みてね。

とおくへ とんだ ほうに ○を つけましょう。

かみひこうきが とんだ ながさくらべ						
なまえ	1かいめ	2かいめ	3かいめ	4かいめ	5かいめ

長さ

❼で使う紙飛行機を作ります。広告などの長方形の紙を使うとバランスよく飛びます。

8 かみひこうきを つくろう

おりかた

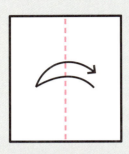

❶ かみを たてに はんぶんに おって, また ひらく。

❷ ふたつの かどを, まんなかの おりめに あわせて さんかくに おる。

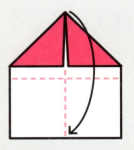

❸ さんかくの かどが したに くるように おる。

❹ ふたつの かどを, まんなかの おりめに あわせて さんかくに おる。

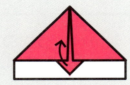

❺ ちいさな さんかくを うえに おる。

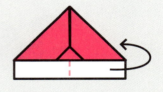

❻ たてに はんぶんに おる。

❼ ずのように おる。はんたいがわも おる。

できあがり！

うまく とばせるかな？

9 どちらが ながいかな？ ①

比べるものの端がそろっているかどうかを，まず確かめます。

ながい ほうの □ に ○を つけましょう。

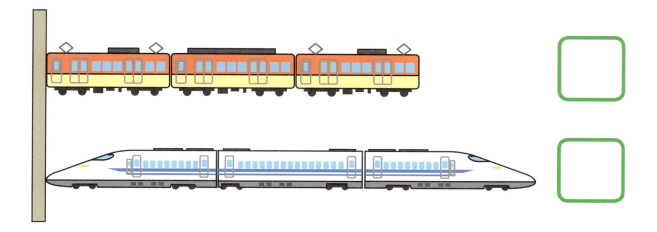

せが たかい ほうの □ に ○を つけましょう。

長さ

> 長さを直接比べるときは，一方の端をきちんとそろえます。

10 どちらが ながいかな？ ②

それぞれ いちばん ながい テープの □ に ○を つけましょう。

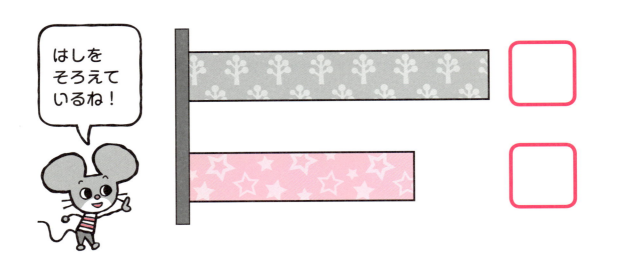

11 まちがいさがしを しよう ①

長さに関係のある間違い探しをしながら，長さの感覚をつかみます。

つぎの えには，ちがう ところが 3つ あるよ。
みつけて，○で かこみましょう。

↑こちらの えに ○を つけてね。

長さ

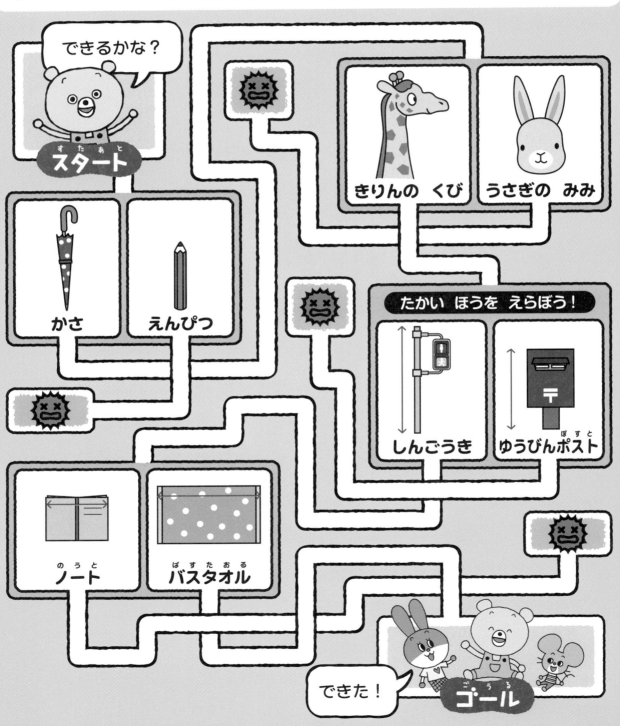

13 ながさを くらべるには？ ②

シールを つかおう！

いくつ分かで長さを比べるときには、単位とするものをそろえることに気づきます。

ながさを くらべるには どうしたら よいかな。つぎの おはなしを よんで、シールを はりましょう。

14 ながさを くらべよう ③

ながさを ただしく くらべて いるのは，うえと したの どちらかな。□に ○を つけましょう。

15 どちらが ながいかな？ ③

いくつ分かを数えて長さを比べます。

どちらが ながいかな。ながい ほうの □ に ○を つけましょう。

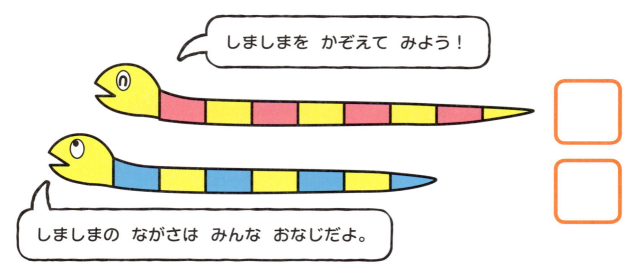

しましまを かぞえて みよう！

しましまの ながさは みんな おなじだよ。

れっしゃが いくつ つながって いるかな？

ひとつの かしゃは みんな おなじ おおきさだよ。

長さ

16 どちらが ながいかな？ ④

マスのいくつ分で長さを比べます。

それぞれ どちらが ながいかな。ながい ほうの □に ○を つけましょう。

17 ながさを しらべよう ①

両手を広げた長さを用いて、身のまわりの ものの長さを測ります。

りょうてを ひろげた ながさは, しんちょうと だいたい おなじです。

- りょうてを ひろげた ながさ（ひろ）
- しんちょう
- おなじ ながさだなんて ふしぎだね！

しんちょうと おなじくらいの ながさの ものを さがして みましょう。

この つくえ、ぼくの しんちょうと おなじだ！

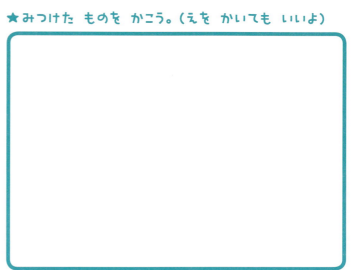

★ みつけた ものを かこう。（えを かいても いいよ）

長さ

18 ながさを しらべよう ②

「あた」や「つか」を使って長さを測ります。

てを つかって, だいたいの ながさを はかる ことが できます。

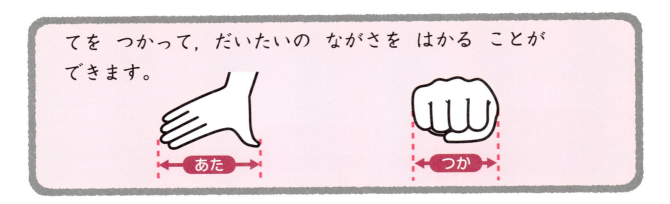

おうちに ある つくえの たてや よこの ながさを,「あた」と「つか」で はかって みましょう。

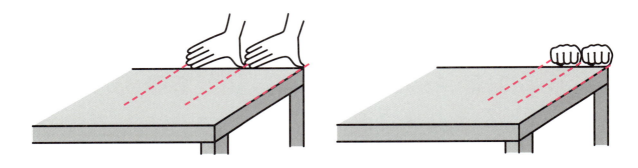

いくつぶんか かこう。

つくえの ながさ しらべ

	たて	よこ
あた		
つか		

19 ながさを はかる どうぐ

身の回りの道具から長さを測る道具を選びます。

ながさを はかる どうぐを えらんで、〇で かこみましょう。

- ものさし
- てんびん
- けいりょうカップ
- けいりょうスプーン
- まきじゃく
- たいじゅうけい

1つじゃ ないよ！

ものさしや まきじゃくは、ながさを はかる どうぐです。

ものさし

めもりの いくつぶんで ながさを はかるよ。

長さ

20 1cm や 10cm を さがそう

シールを つかおう！

長さの単位「cm」を知り，身の回りから1cmや10cmのものを探します。

ものさしの おおきい めもりの ながさを 1cm と いいます。

したの ものさしを つかって，おうちの なかで 1cm や 10cm の ものを さがしましょう。

21 「cm」を さがそう

あなたが みに つける ものにも「cm」が かいて あるよ。さがして、☐に すうじを かきましょう。

長さ

22 ながさの ことば

「ながい」「みじかい」を つかって，おはなしを つくるよ。□に はいる ことばは どちらかな。□に ○を つけましょう。

23 たくさん はいるのは どれかな？

身のまわりから水などが多く入るものを探して、「かさが多い」を認識します。

みずが いちばん たくさん はいる ものは どれかな。1つ えらんで ○で かこみましょう。

ペットボトル　じょうろ　なべ　ふろ　コップ

みずが どれだけ はいるかを、「かさ」と いうよ。

みずが たくさん はいる ときは、「かさ」が おおいんだね。

かさ

シールを つかおう！

24 かさを くらべるには？

かさを比べるときには、比べる入れ物をそろえることに気づきます。

かさを くらべるには どうしたら よいかな。
つぎの おはなしを よんで、シールを
はりましょう。

25 おなじ かさずつ わけよう

かさを正しく比べているものを選びます。

ジュースを おなじ かさずつ いれて いるのは どれかな。☐に ○を つけましょう。

かさ

26 どちらが おおいかな？

かさを正しく比べる方法を確かめます。

どちらが おおいかな。みずが おおく はいって いる ほうの □ に ○を つけましょう。

 の すいとう □　　 の すいとう □

27 まちがいさがしを しよう ②

かさに関係のある間違いさがしをし
かさの感覚をつかみます。

つぎの えには, ちがう ところが 3つ あるよ。
みつけて, ○で かこみましょう。

↑こちらの えに ○を つけてね。

かさ

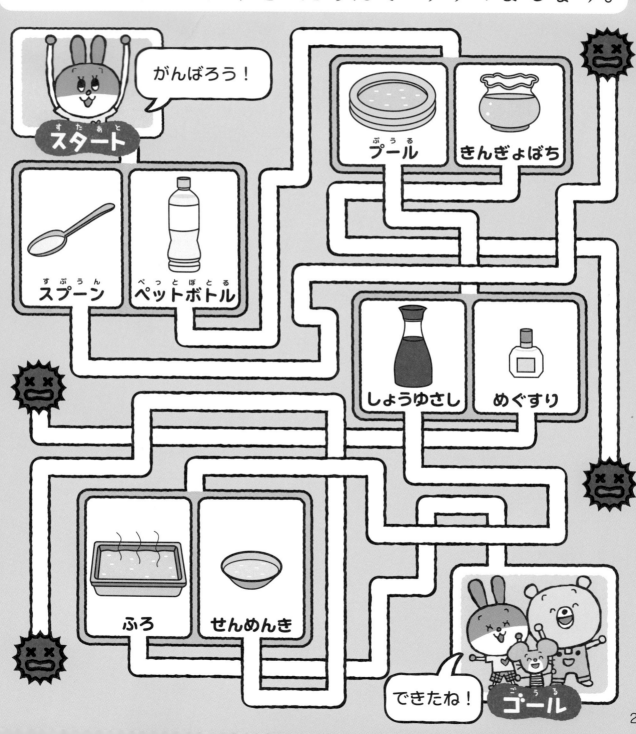

29 かさを はかる どうぐ

かさを はかる どうぐを えらんで、○で かこみましょう。

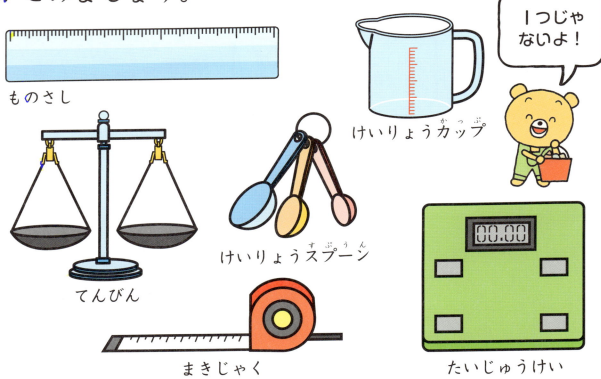

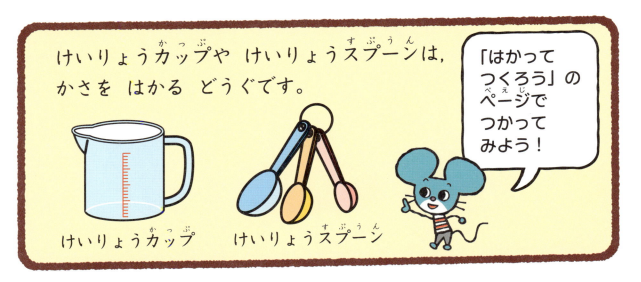

けいりょうカップや けいりょうスプーンは、かさを はかる どうぐです。

「はかって つくろう」の ページで つかって みよう！

実際に計量カップでかさを量る体験をします。

かって つくろう ①

かさを はかって，そうめんの 「めんつゆ」を つくって みましょう。

おいしい そうめんが たべたいな♪

よういする もの
（4にんぶん）
- けいりょうカップ
- めんつゆ
- みず

つくりかた

❶ めんつゆ 200mL を はかる。

❷ みず 400mL を はかる。

※ 3倍濃縮の場合です。

❸ めんつゆと みずを まぜて，わける。

できあがり！

ゆでた そうめんを つけて いただきます！

> 実際に計量カップや計量スプーンでかさを量る体験をします。

31 はかって つくろう ②

かさを はかって,「ドレッシング」を つくって みましょう。

おいしい ドレッシングが つくれるかな？

よういするもの
（4にんぶん）

- けいりょうカップ
- けいりょうスプーン
- サラダあぶら
- す
- しお
- さとう
- こしょう

つくりかた

❶ す 50mL・しお こさじ 1ぱい・さとう こさじ はんぶんを よく まぜる。
こしょうを すこし かける。

さとうや しおが とけるまで まぜよう。

❷ サラダあぶら 100mL を すこしずつ いれて, よく まぜる。

できあがり！

サラダに かけて いただきます！

かさ

実際に計量カップや計量スプーンでかさを量る体験をします。

32 はかって つくろう ③

かさを はかって,「フルーツポンチ」を つくって みましょう。

サイダーや かんづめは ひやして おくと いいね！

よういする もの
（4にんぶん）

- けいりょうカップ
- けいりょうスプーン
- サイダー
- レモンじる
- すきな くだものの かんづめ

つくりかた

❶ おおきな うつわの なかに, サイダー 600mL を いれます。

サイダー

❷ サイダーに くだものの かんづめ 2かんぶんを いれます。

❸ レモンじる おおさじ 2はいを いれて, しずかに まぜます。

レモンじる

じぶんで はかって つくると おいしいね♪

できあがり！

33 どちらが おもいかな？ ①

どちらが おもいかな。おもい ほうの どうぶつを ○で かこみましょう。

シーソーは，おもい ほうが……。

わにさんの ほうが さがって いると いう ことは？

重さ

34 どちらが おもいかな？ ②

シーソーでおやつの重さを比べます。

どちらが おもいかな。おもい ほうの おやつを
〇で かこみましょう。

シールを つかおう！

35 シーソーは どう なる？

重さ比べの結果から，だれがいちばん重いかを考えます。

みんなで シーソーに のって いるよ。したの えを みて こたえましょう。

くまさんと ねずみさんが シーソーに のったら どう なるかな。★に シールを はりましょう。

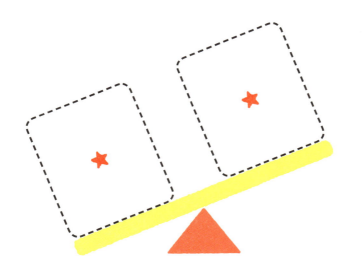

シーソーは，おもい ほうが さがるね。

いちばん おもいのは だれかな。わかったら すごい！

重さ

36 おもい じゅんに ならべよう

シールを つかおう！

重さ比べの結果から，重さの順番を考えます。

シーソーで，ボールの おもさを くらべて いるよ。
したの えを みて こたえましょう。

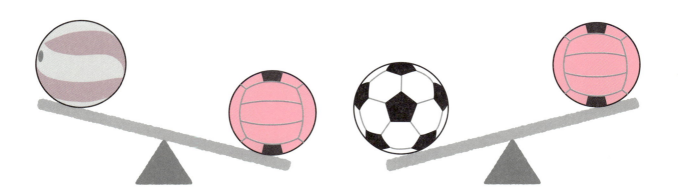

3つの ボールを おもい じゅんに ならべるよ。
★に シールを はりましょう。

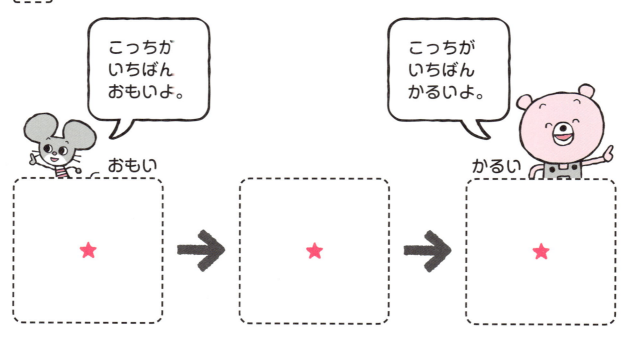

37 おもいのは どれかな？

身のまわりの物の重さを体感で比べます。

たまごと バナナと りんごを よういして，おもさを くらべます。

りょうてで 1つずつ もって くらべて みよう。
おもいと かんじた ほうを ◯で かこみましょう。

38 おもさを たしかめよう

シールを つかおう！

はかりやピンチハンガーを使って，実際に重さを比べます。

まえの ページで おもさくらべを した ものの おもさを はかって みましょう。

おうちのひとに，はかりを つかって はかって もらおう。

おもさが わかったら，おもい じゅんに，[★] に シールを はりましょう。

おもい → → かるい

はかりが おうちに ない ときは，ピンチハンガーを つかって おもさを くらべましょう。

ビニールぶくろに くらべたい ものを いれる。

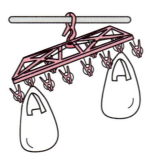

その ビニールぶくろを ピンチハンガーに つるす。

シーソーと おなじで おもい ほうが さがるよ！

39 まちがいさがしを しよう ③

重さに関係のある間違い探しをしながら、重さの感覚をつかみます。

つぎの えには, ちがう ところが 3つ あるよ。
みつけて, ○で かこみましょう。

↑こちらの えに ○を つけてね。

重さ

40 おもさクイズに ちょうせん

重いほうを選んで、迷路を進みます。

おもい ほうを えらんで すすみましょう。

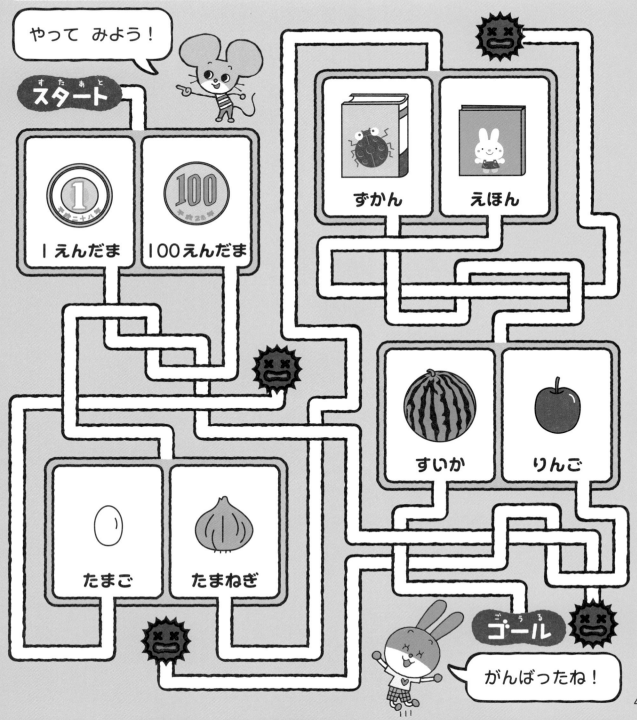

41 おもさを はかろう ①

自分やおうちの人，ペットなどの重さを，体重計で量って比べます。

たいじゅうけいを つかって たいじゅうを はかって みよう。おもさは なんkg でしょうか。

かぞくや ペットなどの たいじゅうも はかって みよう。

「kg」は「キログラム」と よむよ。
なんkg だったか，ひょうに かいて みよう。

なまえ	おもさ	じゅんばん
	kg	
	kg	
	kg	
	kg	

おもい じゅんに ばんごうを かこう。

重さ

42 おもさを はかろう ②

体勢を変えると重さはどうなるのか，実際に量ってみます。

いろいろな たいじゅうの はかりかたを して みよう。おもさは かわるでしょうか。

★ なんkgか かこう。

したの ように して，おもさを はかると どう なるかな。□に ○を つけましょう。

しゃがむ

ぐっと ちからを いれて。

□ おもく なる。
□ かわらない。
□ かるく なる。

かたあしで たつ

かるく なるかな？

○を つけたら はかって みよう！

□ おもく なる。
□ かわらない。
□ かるく なる。

シールを つかおう！

43 なんにんぶんの おもさかな？

動物の体重を，子どもの体重と比較して体感します。

どうぶつの たいじゅうは，こども なんにんぶんの おもさかな。□を よんで，シールを □に はりましょう。

ぼくは ひとりぶんの おもさだよ。

れい

わたしは 4にんぶんの おもさだよ。

ぼくは 7にんぶんの おもさだよ。

重さ

44 おもさの ことば

重さに関係のある言葉を確かめます。

「おもい」「かるい」を つかって, おはなしを つくるよ。□に はいる ことばは どちらかな。□に ○をつけましょう。

45 ひろい ものを みつけよう

シールを つかおう！

身のまわりから広いものを探して、「広い」を認識します。

したの 4つの なかで いちばん ひろい ものは どれかな。1つ えらんで ★に シールを はりましょう。

46 どちらが ひろいかな？ ①

それぞれ2つのうち、広いほうを選びます。

ひろい ほうに、いろを ぬりましょう。

47 どちらが ひろいかな？ ②

どちらが広いか実際に切り取って確かめます。

ひろいと おもう ほうに，いろを ぬりましょう。

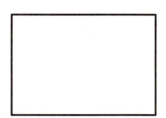

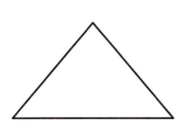
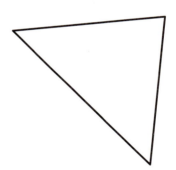

いろを ぬったら，かたちを ぜんぶ きりとりましょう。
それぞれ かさねて，ひろさを くらべて みましょう。

いろを ぬった ほうが ひろいかな？

かさねて みて，はみだす ほうが ひろいね。

広さ

48 どちらが ひろいかな？ ②

49 どちらが ひろく みえるかな？

シールを つかおう！

見た目と実際の広さの違いを確かめます。

どちらが ひろく みえるかな。ひろいと おもう ほうの ★ に シールを はりましょう。

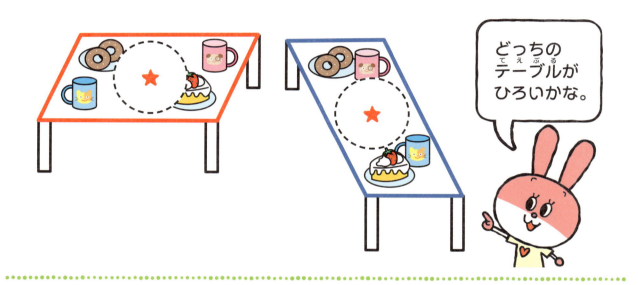

□□の かたちを ぜんぶ きりとりましょう。
かさねて、ひろさを くらべて みましょう。

広さ

50 どちらが ひろく みえるかな？

51 ひろさを くらべるには？

シールを つかおう！

いくつ分かで広さを比べるときには、単位とするものをそろえることに気づきます。

ひろさを くらべるには どうしたら よいかな。
つぎの おはなしを よんで，かんがえましょう。

ひろい ほうの ★ に シールを はりましょう。

広さ

52 どちらが ひろいかな？ ③

いくつ分かを数えて広さを比べます。

どちらが ひろいかな。ひろい ほうの □ に ○を つけましょう。

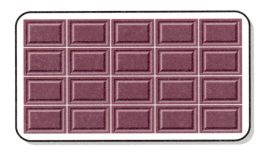

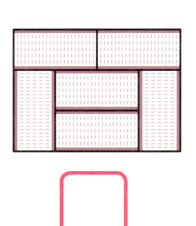
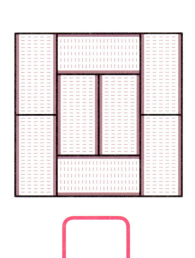

53 じんちとりゲームを しよう

陣地取りゲームをして、マスを多く塗った方が、陣地が広くなることを確かめます。

じんちとりゲームで あそんで みましょう。

ゲームの しかた

- ふたりで じゃんけんを する。
- かった ほうが、□を ひとつ ぬる。
- □を ぜんぶ ぬりおわったら、おわり。
- ぬった ところが、ひろい ほうが かち。

おうちの ひとや ともだちと やって みよう。

じぶんの いろを きめると、くらべやすいよ！

広さ

54 どちらが ひろいかな？ ④

マスのいくつ分かで広さを比べます。

それぞれ どちらが ひろいかな。□に ○を つけましょう。

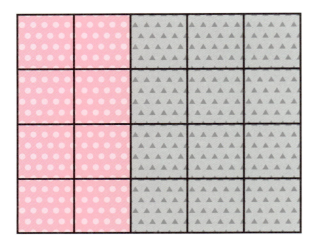

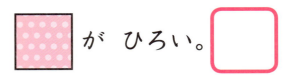

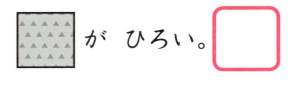

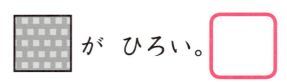

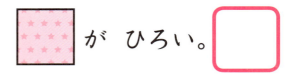

□を かぞえて くらべようね。

55 ひろい へやは どちらかな？

床のタイルに注目して、いくつ分で広いほうを選びます。

□と □で ひろい ほうを えらびながら ゴールまで すすみましょう。

広さ

56 どちらが ひろいかな？ ⑤

形のいくつ分かを数えて，広いほうを選びます。

どちらが ひろいかな。ひろい ほうの □ に ○を つけましょう。

ぜんぶ おなじ ひろさだよ。

▲は ぜんぶ おなじ ひろさだよ。

57 まちがいさがしを しよう ④

広さに関係のある間違い探しをしながら、広さの感覚をつかみます。

つぎの えには、ちがう ところが 3つ あるよ。
みつけて、〇で かこみましょう。

↑こちらの えに 〇を つけてね。

広さ

58 ひろさの ことば

広さに関係のある言葉を確かめます。

「ひろい」「せまい」を つかって, おはなしを つくるよ。□に はいる ことばは どちらかな。□に ○を つけましょう。

やくそくを わすれた うさぎさんは かたみが □。

ひろい □
せまい □

ともだちの おおい くまさんは かおが □。

ひろい □
せまい □

59 はやいのは だれかな？

シールを つかおう！

絵を見て，速さの順番を考えます。

かけっこを して いるよ。はやいのは だれでしょう。

へび

だちょう

ひと
（こども）

はやい じゅんに ★ に シールを はりましょう。

速さ

池を周回したときの結果から，速さの違いを考えます。

60 はやいのは どちらかな？

くまさんと ねずみさんが，いけの まわりを はんたいむきに はしったよ。

はしるのが はやいのは どちらかな。☐に ○を つけましょう。

62 どちらが さきに つくかな？

短い時間でゴールに着いたほうが近道であることを確かめます。

ねずみさんが、めいろを すすむよ。さきに ゴールに つくのは あ と い の どちらの みちでしょうか。

さきに ついて いる ほうが ちかみちだね。

さきに ゴールに つく ほうの □ に ○を つけましょう。　あ □　い □

速さに関係のある間違い探しを解いて、速さの感覚をつかみます。

63 まちがいさがしを しよう ⑤

つぎの えには, ちがう ところが 3つ あるよ。
みつけて, ○で かこみましょう。

↑こちらの えに ○を つけてね。

速さ

64 はやくちことばを いおう

つぎの はやくちことばを, こえに だして いって みましょう。

> ながさ　かさ　おもさ　ひろさ　はやさ

このドリルで べんきょうした ことだよ。

まずは, ゆっくり 5かい いって みましょう。

ながさ　かさ　おもさ　ひろさ　はやさ

つぎに, はやくちで 5かい いって みましょう。

ながさ かさ おもさ ひろさ はやさ
ながさ かさ おもさ ひろさ はやさ

はやくちで 5かい いえたら

シールを はろう!

シール

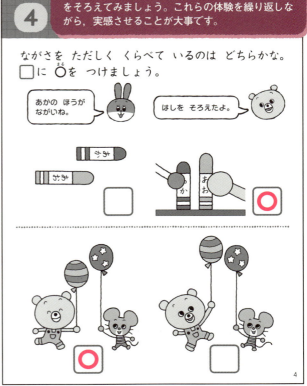

5

長さを比べるときには端をそろえるだけでなく、伸ばして同じ条件にすることが必要です。紙テープやリボン、ひもで実際に比べてみましょう。

ながさを ただしく くらべて いるのは どれかな。□に ○を つけましょう。

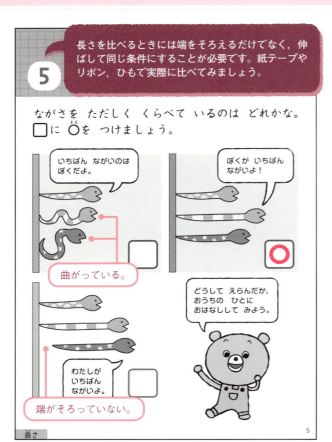

6

自分のクレヨンなら「この色が長い」「いちばん短いのはこの色だ」とよくわかるはずです。いちばん短い色は、いちばん好きな色でしょうか。

あなたが つかって いる クレヨンの なかで、いちばん みじかい いろ、いちばん ながい いろは なにいろかな。しらべて、○に いろを ぬりましょう。

7

紙飛行機の飛んだ距離を比べます。遠くに飛んだほうが、距離が長いことになります。表の書き方を教えて記録をさせましょう。

おうちの ひとや ともだちと、かみひこうきを とばして、とんだ ながさを くらべて みましょう。

とおくへ とんだ ほうに ○を つけましょう。

8 かみひこうきを つくろう

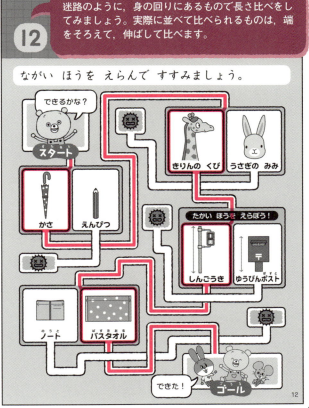

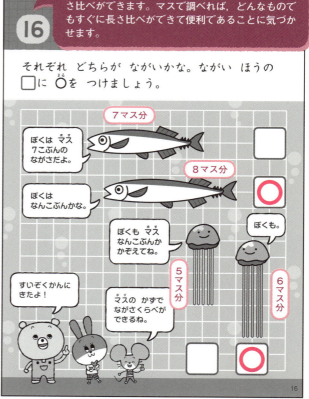

17

両手を広げた長さでひもを切り、自分の身長と比べてみます。そのひもを使って、自分の背と同じ長さのものを見つけてもよいでしょう。

18

「あた」や「つか」のいくつ分という言い方を練習しましょう。テレビの横の長さを大人と子どもでいくつ分か測ってみましょう。

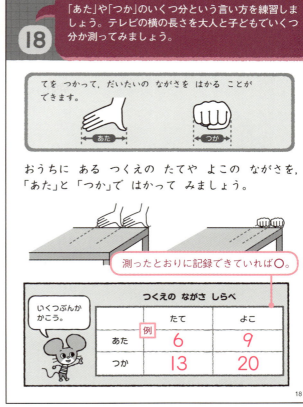

つくえの ながさ しらべ		
	たて 例	よこ
あた	6	9
つか	13	20

19

家にある物差し、巻き尺の実物を手に取ってみましょう。それぞれの名前も教えましょう。

20

下にある1cmと10cmの物差しで「1cm見つけ！」「わあ、ぴったり10cmだ」と長さ探しの遊びをしましょう。

21

身長を測るときや靴のサイズ，洋服のサイズなどで何 cm という言葉を聞いていると思います。実際に自分の靴に物差しをあててみると，足のうらの長さと同じくらいであることがわかります。

あなたが みに つける ものにも「cm」が かいて あるよ。さがして，□に すうじを かきましょう。

22

「首を長くして待ったことがあるかな」「気が短いってどんな感じかな」などとお話ししてみましょう。

「ながい」「みじかい」を つかって，おはなしを つくるよ。□に はいる ことばは どちらかな。□に ○を つけましょう。

23

ここからは，「かさ」の学習です。「かさ」という言葉の使い方は難しいと思いますが，ねずみさんやくまさんの言葉を使って教えてあげましょう。

みずが いちばん たくさん はいる ものは どれかな。1つ えらんで ○で かこみましょう。

24

お話だけでかさの比較を理解することはとても難しいことです。実際にコップを用意してお話と同じようにやってみます。最後に同じコップに移すと，「わあ，ほんとだ！」と確かめることができます。

かさを くらべるには どうしたら よいかな。つぎの おはなしを よんで，シールを はりましょう。

25 実際に同じコップに入れてみれば，かさが多い，少ないは目で見てわかります。実物を見て理解することで，今度は絵で見てもわかるようになります。

ジュースを おなじ かさずつ いれて いるのは どれかな。□に ○を つけましょう。

26 目に見えないかさを考えます。家にあるもので，中身が見えないものを選び，まず予想を立ててから確かめてみます。すると，「えっ」となるでしょうか，「やったー」となるでしょうか。楽しみてすね。

どちらが おおいかな。みずが おおく はいって いる ほうの □に ○を つけましょう。

27 「プールの水が少ない」と自分の言葉で表現させます。「ペットボトルのかさが違う」と，「かさ」という言葉を使えたら，大いにほめて，花丸をつけてあげましょう。

つぎの えには，ちがう ところが 3つ あるよ。みつけて，○で かこみましょう。

28 醤油差しと目薬は，実際に並べてみましょう。違いがはっきりします。この体験が多いほど，かさの感覚が身についていきます。

かさが おおい ほうを えらんで すすみましょう。

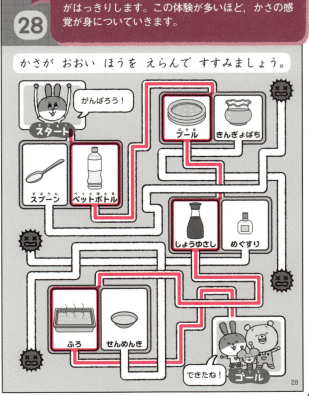

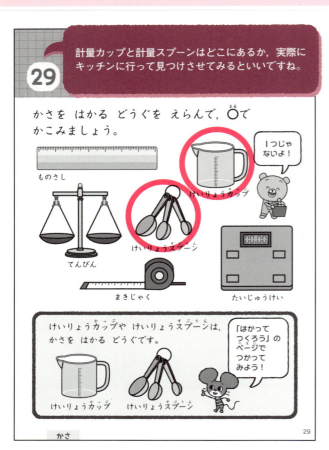

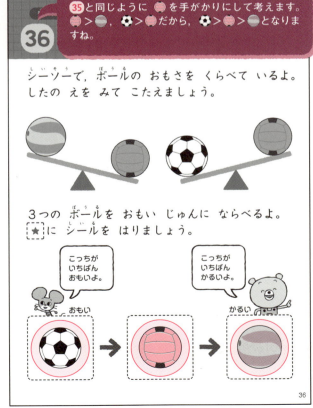

37

卵とバナナとりんごを用意します。おうちの方も一緒にやってみましょう。自分の手で重い、軽いという感覚を感じ取らせます。この感覚が育てば、「大体卵と同じ重さだ」などと言えますね。

たまごと バナナと りんごを よういして, おもさを くらべます。

たまご

バナナ

りんご

りょうてで 1つずつ もって くらべて みよう。
おもいと かんじた ほうを ◯で かこみましょう。

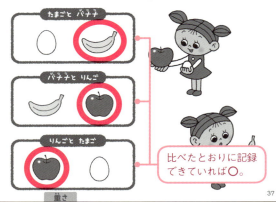

比べたとおりに記録できていれば◯。

38

「数字が大きくなると重くなるよ」と説明しながら、おうちの方がはかりで量ってあげましょう。はかりがないときには、ピンチハンガーを使うとシーソーのように重さを比べることができます。

まえの ページで おもさくらべを した ものの おもさを はかって みましょう。

比べたとおりに記録できていれば◯。

はかりが おうちに ない ときは, ピンチハンガーを つかって おもさを くらべましょう。

39

「どっちが重いかな」「どうしてそう考えるの?」と重さの違いを意識して聞いてみるとよいでしょう。

つぎの えには, ちがう ところが 3つ あるよ。
みつけて, ◯で かこみましょう。

魚の重さがちがう。
重くて、さおが しなっている。
重そうな表情。

↑こちらの えに ◯を つけてね。

40

比べているのは身近なものばかりです。どれか1組でもいいので、実際に持ってきて、はかりやピンチハンガーで調べてみましょう。全部やってみたいと言ったら、好奇心旺盛な証拠です。

おもい ほうを えらんで すすみましょう。

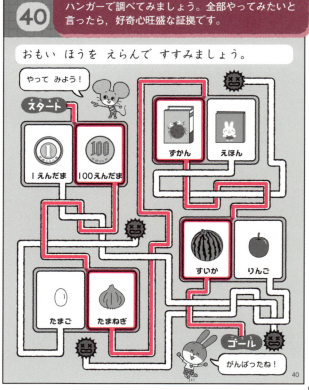

41

体重を量ったことがあるでしょう。自分の体重を言える子もいるかもしれません。表に自分の名前を書き込むことで、関心を持たせます。

42

体重は自分の重さであることを知ります。どんな方法で量っても同じかな、違うかなと楽しみましょう。（デジタル体重計では、姿勢を変えると量れない場合もあります。）

43

シールを貼り終わったら、「いちばん重いのはどの動物かな」「あなたの重さとよく似た動物はいるかな」などと聞いてみましょう。

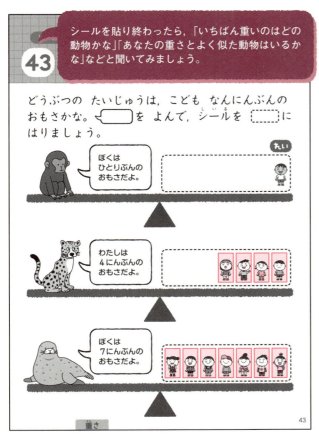

44

「足どり軽く歩いてみよう」などと動作化すると理解が深まりますね。

45

ここからは，広さに関心を持たせます。大きい・小さいではなく，広い，せまいという表現ができるようになるといいですね。

したの 4つの なかで いちばん ひろい ものは どれかな。1つ えらんで ★に シールを はりましょう。

46

畑と池の広さをそれぞれ比べています。こっちが広い，こっちがせまいと感覚で感じ取れるといいですね。

ひろい ほうに，いろを ぬりましょう。

47

まず，広いほうに色を塗ります。次に，切り取ります。そして，重ねて比べます。重ねるとはみ出たほうが広くなります。この確かめがとても大事です。

ひろいと おもう ほうに，いろを ぬりましょう。

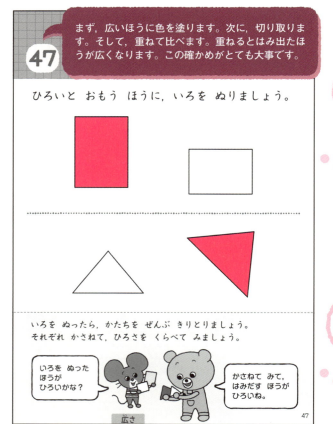

まずは，見た目の感覚で広いと思うほうを選びます。感覚でとらえられることは，とても大事です。ドリルや遊びで楽しみながら，感覚を養いましょう。

切り取ってみて，結果はどうだったでしょうか。重ねて，はみ出したほうが広いということがわかります。一緒に確かめて，広いほうが予想できていたら，大いにほめてあげてください。

49

まず、広いと思うほうにシールを貼ります。次に、切り取ります。さて、重ねて比べてみると……、目の錯覚を利用した問題です。おうちの方も「びっくり！」と驚いてみてくださいね。

どちらが ひろく みえるかな。ひろいと おもう ほうの ★ に 🌸 シールを はりましょう。

どっちの テーブルが ひろいかな。

広いと思ったほうにシールを貼っていれば〇。

あれ、 びっくり！

□□の かたちを ぜんぶ きりとりましょう。
かさねて、ひろさを くらべて みましょう。

まずは、見た目で広いと思うほうにシールを貼ります。上段のテーブルは左のほうが幅広く、下段の花壇は下のほうが横長に見えるかもしれませんね。

さて、実際に切り取って確かめてみると、どちらも全く同じ広さ（形）であったことがわかります。上段はシェパード錯視、下段はジャストロー錯視と呼ばれています。もし、見た目で同じ広さだとわかったら、大いにほめてあげてください。

51

同じものを敷き詰めれば広さ比べができることを知ります。身の回りのものでは、トランプを並べて比べるとよくわかりますね。

ひろさを くらべるには どうしたら よいかな。
つぎの おはなしを よんで、かんがえましょう。

ひろい ほうの ★ に 🌸 シールを はりましょう。

52

同じものがいくつあるかで比べる方法です。畳の部屋は、6畳とか8畳と数えることや、4畳半もあることを教えてあげましょう。

どちらが ひろいかな。ひろい ほうの □ に 〇を つけましょう。

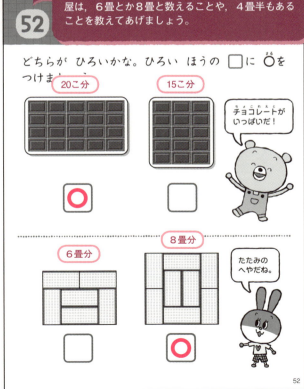

53 色塗りをおはじきで代用すると何回でも遊べますね。じゃんけんの代わりにトランプのカードで数の大きいカードが出たら勝ちとして，遊ぶこともできます。

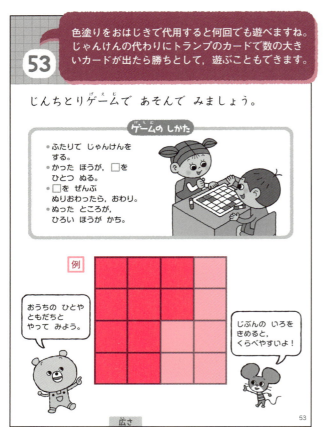

54 53 のゲームの経験を活かして，マスの数を数えることで，広いほうはどちらかを考えます。

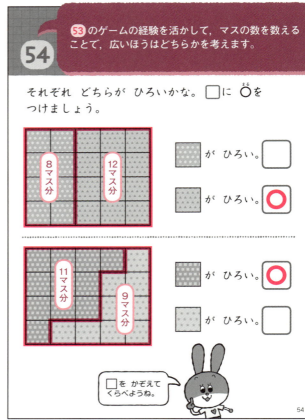

55 お化け屋敷の迷路です。広いほうに進んでいきます。「せまいほうに行くと何がある？」とお化け屋敷を楽しみましょう。

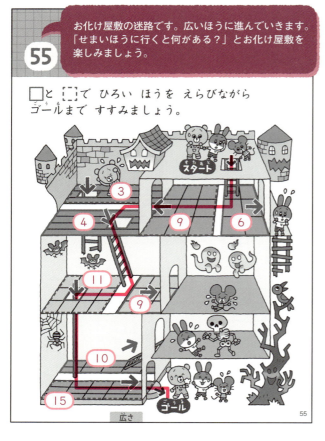

56 敷き詰めたものの数で広さを比べます。敷き詰めたもののいくつ分という考え方が，単位のもとになります。

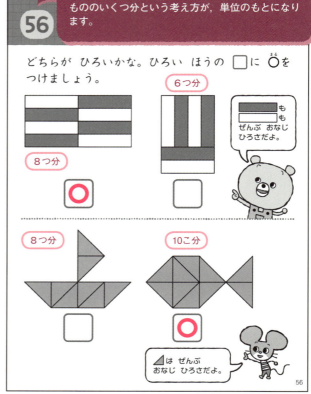

57

広さの間違い探しです。言葉で言えるようになってきましたか。広い，せまいという表現ができたら，大いにほめてあげましょう。

つぎの えには，ちがう ところが 3つ あるよ。みつけて，○で かこみましょう。

砂場がせまい。
レジャーシートが広い。
スケッチブックが大きい。

↑こちらの えに ○を つけてね

58

肩身がせまいときの表情，顔が広いときの表情に注目します。次に，表情をつけて「肩身がせまい」「顔が広い」と言ってみましょう。

「ひろい」「せまい」を つかって，おはなしを つくるよ。□に はいる ことばは どちらかな。□に ○を つけましょう。

やくそくを わすれた うさぎさんは かたみが □。

ひろい □
せまい ○

ともだちの おおい くまさんは かおが □。

ひろい ○
せまい □

59

ここからは，速い，遅いの学習です。かけっこでは，速い，遅いという言葉を使っていますね。

かけっこを して いるよ。はやいのは だれでしょう。

はやい じゅんに ☆に シールを はりましょう。

速さ

60

同じ時間内に走った長さを比べます。電信柱と電信柱の間など，身の回りにあるシーンでも，出会った場所で速さ比べができます。実際にやってみるのがいちばんです。

くまさんと ねずみさんが，いけの まわりを はんたいむきに はしったよ。

同じ時間で，ねずみさんのほうが長い道のりを走っているので，速いとわかります。

はしるのが はやいのは どちらかな。□に ○を つけましょう。 → ねずみ ○ くま □

79

61

どちらが速いか子どもたちが知っているものを取り上げました。「電車はガタゴト，新幹線はピュー」「人はバシャバシャ，ペンギンはスイスイ」などのように表現させると，速さを感じることができます。

はやい ほうを えらんで すすみましょう。

62

あといの迷路の線を色分けするとわかりやすいですね。正しくはマスを数えるとわかりますが，見た目の感覚で答えてもよいでしょう。

ねずみさんが，めいろを すすむよ。さきに ゴールに つくのは あと い の どちらの みちでしょうか。

さきに ついて いる ほうが ちかみちだね。

さきに ゴールに つく ほうの □に ○を つけましょう。 あ ⭕ い □

63

速い，遅いの違いで，どのような変化が見られるでしょうか。言葉で表現するのは難しいかもしれませんが，「車の速度計を見ると速さがわかるよ」とお話をしてあげてください。

つぎの えには，ちがう ところが 3つ あるよ。みつけて，○で かこみましょう。

車の速度が ちがう。
車輪，髪の動きが ちがう。

↑こちらの えに ○を つけてね。

64

このドリルに載っている内容を全部集めて早口言葉にしました。「いろいろな比べっこができたね」と振り返ってみましょう。

つぎの はやくちことばを，こえに だして いって みましょう。

| ながさ かさ おもさ ひろさ はやさ |

このドリルで べんきょうした ことだよ。

まずは，ゆっくり 5かい いって みましょう。

ながさ かさ おもさ ひろさ はやさ

つぎに，はやくちで 5かい いって みましょう。

ながさ かさ おもさ ひろさ はやさ
ながさ かさ おもさ ひろさ はやさ

はやくちで 5かい いえたら シールを はろう！